10.147

CONCLUSIONS MOTIVÉES

POUR

MADAME VEUVE DORNIER,

APPELANTE

DE JUGEMENT RENDU AU TRIBUNAL CIVIL D'ARBOIS LE 17 MARS 1835,

CONTRE

LA COMMUNE DE VILLERSFARLAY, INTIMÉE,

ET

LA FAMILLE CARON, ASSIGNÉE SUR APPEL.

ATTENDU *en fait*, que les droits de Villersfarlay, d'après la transaction de 1599, et l'arrêt de 1715, consistent en ceux de pâturer, chasser, guyer dans le bois de Bourgogne, et *d'y pouvoir prendre brondes de bois mort, étant par terre, après les fassures faites et levées.*

Attendu que les facultés de pâturer, chasser, et guyer, n'ont jamais été exercées et qu'elles sont prescrites.

Quant au bois, le droit ne consiste qu'à prendre des brondes de bois mort, étant par terre, après les fasçures faites et levées.

I.

Attendu, *en droit,* qu'on ne peut pas l'étendre, puisque c'est une servitude ; on ne peut donc y comprendre ce qui n'est pas *bois mort*, et qui n'est pas *brondes*.

II.

Le *bois mort*, suivant l'ordonnance de 1669, titre 23, art. 5, est *ce qui est sec* en *cime et racine ou gisant*. Puisqu'il n'y a de *bois mort* qu'autant qu'il est *sec*, il est évident que le bois *vif ni vert* ne peut pas faire partie de l'usage de la commune. Le *bois mort* et le bois *vert* sont tous deux par terre, quand les cordes sont faites, mais tous deux ne sont pas compris dans la concession. Les expressions *étant par terre* n'ajoutent rien à la nature du bois cédé ; au contraire ils la limitent ; car si on ne les eût pas ajoutées, le droit aurait compris tout le *bois mort*, par conséquent celui *sur pied*, *sec en cime et en racine*, tandis que, par les mots *étant par terre*, on a exclu le bois *sur pied*, et on n'a accordé que le bois *gisant*.

La commune objecte que le bois *mort* n'est pas le bois *sec*, que c'est seulement l'*opposé* du bois *vif*, d'où elle conclut qu'elle a droit à la totalité du bois, sec ou non, pourvu qu'il ne soit pas sur pied, parce qu'alors il ne prend pas de nourriture.

L'Appelante répond que les mots ne sont faits que pour exprimer les idées ; il faut donc les recevoir dans le sens qui leur a été donné pour exprimer une idée de telle ou telle nature ; or, quels que soient les lexicographes que l'on consulte, on trouve que le bois mort ne comprend que le bois sec ; Brillon, v° *Foréts*, le Répertoire de jurisprudence, les anciennes ordonnances, les coutumes, notamment celle du Nivernais, chap. 17, art. 12 ; l'ordonnance de 1669, titre 23, art. 5 ; M. Proudhon, dans son traité d'usufruit, tome 7, pag. 67, sont uniformes sur ce qu'on entend par *bois mort* ; tous disent que c'est le *bois sec*. C'est donc pour la première fois que l'on veut changer le sens de cette expression, et prétendre que bois mort signifie l'opposé de bois vif étant sur pied. Cette prétention ne peut donc pas être ac-

(3)

cueillie, car tout le taillis, toutes les futaies, seraient *bois mort*, puisqu'on ne s'en sert pas quand ils sont sur pied, vifs et prenant sève.

La commune fait une autre objection : *c'est le sens du titre, et cela résulte de ce qu'il porte sans qu'en après les habitans puissent prendre du bois vif pour maisonner ou édifier.*

Il est évident que cette clause n'a pas pour objet de mettre en opposition le bois mort avec le bois vif ; on n'a voulu que changer l'état préexistant, et refuser aux habitans le droit de prendre du bois vif pour maisonner : mais de ce que, avant 1599, Villersfarlay prenait du bois vif pour les maisons, il ne s'ensuit nullement qu'elle prenait, ou que, par la suite, elle aurait le droit de prendre, toutes les brondes de bois vert qui ne seraient pas sur pied, parce qu'il n'y a point de conséquence à tirer de l'une de ces idées à l'autre.

III.

Le jugement de 1831 et l'arrêt de 1832 n'ont pas dérogé à ces principes. Ils n'ont jugé que deux questions ; 1° la nature de l'acte de 1599 : on décide que c'est une transaction ; 2° l'anéantissement de la procédure de 1780, par la péremption de l'instance, et la prescription de l'action.

Du reste ils ne renferment que des dispositions préparatoires, qui ne lient ni le juge ni la partie. Ils admettent la commune à prouver, 1° qu'elle a joui et *a été en possession* des droits accordés par son titre ; 2° que par *brondes*, on a entendu tout ce qui est de six pouces et au-dessous.

Le jugement et l'arrêt ont donc laissé les titres de 1599 et de 1715 tels qu'ils sont, sans y rien ajouter, pour dire qu'on est en possession, sans délivrance.

(4)

IV.

La nature du droit et des titres étant déterminée, il faut voir s'ils existent encore, au moment du litige.

L'Appelante soutient qu'ils sont prescrits, et que cela est jugé par le *dispositif* de la sentence de 1831.

En droit, l'usage au *bois mort* ne peut pas être exercé sans délivrance du propriétaire; quand il n'y a pas demande et concession de délivrance, les actes qu'on aurait faits, ne seraient que des délits.

Il faut remarquer que la commune a assigné au *pétitoire* le propriétaire de la forêt; d'où il suit, que celui-ci est en possession, que, par conséquent, il n'a rien à prouver. La charge de la preuve est imposée à la commune.

Elle invoque ses titres ; mais ils ne suffisent pas, parce qu'ils datent de plus d'un siècle, et qu'ils sont prescrits, s'ils n'ont pas été exécutés, attendu que toute servitude se perd par le non-exercice pendant 30 ans, *Cod. civ.*, 706. Il faut donc que la commune prouve qu'elle a interrompu la prescription par des actes valables, dans les 30 ans qui ont précédé le litige. *Voyez le 2ᵉ Supplément au Recueil de questions de droit, verbo* Usage, p. 840, n° 3, §. 9.

Pour qu'un acte soit valable, en cette matière, il ne suffit ni d'un fait, ni d'une preuve vocale; il faut un acte *écrit*, portant délivrance de la part du propriétaire. *V. M. Merlin, loc. cit.*, pag. 842, n° 4.

La raison est qu'on ne peut entrer dans une forêt sans en demander la permission au propriétaire, afin qu'il veille à la conservation de ses intérêts. *Voyez M. Merlin, loco citato*, pag. 841, n° 4, et au *Répertoire, verbo* Usage, *section* 2, §. 5, *art.* 4.

Une longue série d'arrêts de la Cour de cassation a jugé la question en ce sens, pour les bois des particuliers, aussi bien que pour ceux des communes et de l'Etat. *Voyez le Recueil de Sirey*, t. 22, part. 1, pag. 177 et 443; — tom. 23, part. 1, pag. 244; — tom. 31, part. 1, pag. 124; — tom. 35, part. 1, p. 733; — t. 36, part. 1, pag. 929 et 956; — tom. 37, part. 1, pag. 270.

Quand il y aurait eu du doute sur cette question, il serait levé par les articles 79, 67 et 120 du code forestier, qui exigent une délivrance. Voet enseigne, et la Cour juge que la loi nouvelle s'applique aux faits antérieurs à sa promulgation, comme interprétative de la loi précédente, lorsque celle-ci était douteuse; donc, s'il y avait eu doute autrefois sur cette question, il serait levé par le code forestier.

Lorsqu'il n'y a pas de délivrance, les faits de l'usager ne sont pas des actes de possession, mais des délits, qui ne fondent ni ne conservent aucun droit. *Cod. civ.*, 2233; M. Merlin, *loco citato*.

C'est ainsi qu'un usufruitier ne peut, même pour les réparations dont il est tenu, toucher aux arbres de futaie, sans en avoir fait constater la nécessité avec le propriétaire. *Cod. civ.* 592.

En fait, la commune n'a ni demandé, ni obtenu de délivrance, par conséquent ses titres sont prescrits. Pour acquérir cette prescription, le propriétaire de la forêt n'a rien eu à faire; la servitude ne l'oblige qu'à souffrir d'une manière légale, *pati tenetur;* son rôle n'est que passif. Si l'usager n'use pas légalement, la propriété devient libre, parce qu'un délit ne peut attenter à cette liberté. Il en est ainsi de toutes les prescriptions *libératives*, et c'est ce qui les distingue des prescriptions *acquisitives,* dans lesquelles l'*action* de celui qui y prétend, est indispensable.

La commune prétend que, par le jugement de 1831, il est décidé irrévocablement qu'elle n'a pas besoin de délivrance, et qu'une simple jouissance lui suffit, si elle est prouvée par titres ou par témoins.

La réponse se trouve dans le texte du jugement de 1831 : il décide, d'une manière définitive, que l'acte de 1599 est une transaction accor-

dant le droit de prendre les brondes ; que l'instance de 1781 ainsi que
l'action, est prescrite ; que toutefois la commune est admise à prouver,
non-seulement par titres, mais encore par témoins, qu'elle a joui, et
a été en possession. Cela ne juge pas qu'il n'y a pas besoin de délivrance, mais cela juge que l'on peut prouver la possession par titres
et par témoins. Or, nous venons de prouver que *sans délivrance*
il n'y a point de *possession*, qu'il n'y a que délits ; ce n'est pas
un délit que la commune a été appointée à prouver, c'est une *possession ;* il ne peut y avoir de possession en cette ma t'ère, qu'autant qu'elle est légale ; il faut donc qu'elle soit précédée de délivrance ;
donc on n'a pas admis à prouver le fait de *prise de bois* sans délivrance préalable. Cependant la commune prétend que, par cette
sentence, il est jugé que la délivrance est inutile : c'est évidemment faire dire à la sentence ce qu'elle ne dit pas. Il est bien vrai
que, dans les motifs, la sentence dit qu'il n'y a pas besoin de délivrance
pour un bois de particulier, et que la délivrance est consentie pour
l'avenir par le titre de 1599 ; mais cela ne se retrouve pas dans le dispositif, et on ne nie pas que le dispositif seul lie le juge ; donc il n'y a
aucun droit acquis par la sentence de 1831. La commune est admise
à prouver sa possession, comme on vient de le dire ; elle y est admise *par titres et par témoins ;* mais si elle ne fait point de preuve
de délivrance par titres, si elle ne fait point de preuve de délivrance
par témoins, la sentence ne dit pas ce qui résultera de la preuve du fait
de la prise de bois, et, à coup sûr, on ne peut pas y suppléer. Il n'y a
donc aucun rapport, sur la question que nous discutons, entre les motifs et le dispositif du jugement, pour en faire sortir l'autorité de la
chose jugée sur la question de délivrance.

La commune dit ensuite que, suivant un arrêt du 11 mai 1836, la
Cour de cassation a jugé qu'il n'y a pas besoin de représenter un acte
de délivrance, quand l'usager se trouve dans l'impossibilité d'en rap-
porter la preuve écrite. La commune ne dit pas tout : c'est que l'impossibilité résultait de ce que l'usager payait une redevance sur des

mandemens qui, au fur et à mesure des délivrances, étaient remis aux agens du propriétaire : Dalloz, 1836, part. 1, pag. 368. Or, il est indubitable que quand le propriétaire reçoit la redevance établie pour permettre l'exercice d'une servitude, il n'a point de prescription à opposer; ici il n'y a rien de semblable, aucun mandat ne devait être donné, et aucune somme ne devait être payée ; l'usager ne peut donc pas dire qu'il est dans l'impossibilité de justifier que la délivrance lui a été faite, puisque cette délivrance devait résulter *d'un acte écrit que l'usager doit conserver.*

La commune insiste et dit : L'adjudication de 1780 prouve que le propriétaire avait imposé à son adjudicataire l'obligation de laisser les branchages ou brondes de trois pouces de tour et au-dessous. Cela est vrai ; mais cela ne sert à rien à la commune. — 1° Cet acte lui est étranger, et par conséquent elle n'en peut ressentir ni préjudice ni avantage. — 2° L'acte ne dit pas à qui les brondes seront laissées ; c'est donc au propriétaire pour qu'il en dispose, et non pas à la commune ; donc la commune ne peut pas prétendre que c'est une délivrance en sa faveur. — 3° Ce ne peut pas être à la commune, puisqu'elle veut des brondes de six pouces, et que l'acte dit de ne laisser des brondes que de trois pouces. 4° Cinquante ans se sont écoulés depuis cet acte jusqu'au litige, il est donc indifférent pour la prescription, qui est acquise après 50 ans.

Mais, dit la commune, un fait, quoique abusif, interrompt la prescription. Nous avons répondu plus haut que le propriétaire possède d'une manière libre, tant qu'il n'y a pas preuve du contraire ; que, la loi déterminant que cette preuve doit être faite par écrit et par un acte de délivrance, le fait seul, qui ne serait pas précédé de cet acte, serait un délit et non l'exercice d'une servitude.

La commune prétend que son enquête prouve la délivrance. L'enquête ne dit pas un mot du propriétaire, qui seul peut délivrer ; elle dit un fait qui n'est évidemment pas vrai, puisque dans les actes de

1780 et 1790 , il y a preuve écrite que le propriétaire a toujours refusé de donner du bois de six pouces ; qu'il s'en référait au jugement qui serait porté sur le procès ; qu'il n'a donc rien délivré. C'est parler contre le texte de l'acte de 1780, que de dire que l'adjudicataire avait mandat pour faire la délivrance , et que, par conséquent, il liait le propriétaire , car il n'était chargé de rien délivrer à personne.

V.

Quand la commune n'aurait pas besoin de délivrance précédant le fait de *prise de bois mort,* du moins il faudrait que ce fait lui fût propre.

D'après le titre de 1599, les communautés de Villersfarlay et d'Ecleux, par le fait de leurs échevins, traitaient avec le seigneur. — Les habitans, *ut singuli*, sont étrangers à cet acte, et il serait impossible d'indiquer les particuliers, *ut singuli*, qui y auraient stipulé et qui en profiteraient ; c'est donc évidemment le corps de la commune qui est partie ; dès lors il faut que ce soit le corps de la commune qui jouisse ; le fait des particuliers lui est étranger, et comme il ne peut lui nuire, il ne peut pas lui profiter ; car jamais on n'a confondu les habitans avec la communauté. Cela posé, de qui l'enquête parle-t-elle ? des habitans agissant *ut singuli* : il n'y a point de délibération de la commune qui les ait autorisés à exercer son droit ; les échevins ne sont pas à leur tête ; dès lors il n'y a point de fait communal , et par là tombe tout ce qui a été dit par les témoins à l'enquête, puisqu'ils ne parlent que du fait des particuliers.

Nous ne voyons pas l'acte que la commune dit avoir signifié à Javel le 30 novembre 1780 , et nous ne voyons pas davantage la réponse qu'elle dit lui avoir été signifiée par Javel , le 7 décembre suivant ; ce ne sont que des allégations de Villersfarlay , et par conséquent ce n'est rien ; il n'y a donc d'acte que celui notifié le 14 décembre 1790. Mais depuis cette époque, jusqu'au litige, il s'est écoulé 40 ans ; l'acte ne sert donc à rien, et quand il existerait encore, il serait inutile, puisqu'il ne pourrait pas attenter au litige existant devant la maîtrise de Salins, depuis 1780 : d'ailleurs la sentence de 1781 juge que l'action est prescrite.

VI.

Villersfarlay ne peut exercer l'action d'Ecleux.

Le droit d'Ecleux est prescrit, et la prescription ne peut profiter qu'au propriétaire ; les co-usagers ne peuvent en retirer aucun avantage, puisque la servitude s'éteint au profit de celui qui la devait ; l'usager ne peut pas plus gagner par l'extinction d'un usage, qu'il ne peut perdre par des concessions d'usages postérieurs au sien. C'est ce que la Cour a jugé par l'arrêt Nassau-Burgille, le 9 juin 1831.

Puisque le droit d'Ecleux ne profite pas à Villersfarlay, il faut une expertise pour vérifier la part qu'Ecleux aurait prise dans l'usage accordé sur le bois de Bourgogne, afin que le propriétaire profite de cette part.

Villersfarlay prétend qu'en 1599 elle était dans l'indivision avec Ecleux, que le droit avait donc été accordé à toutes deux ; qu'elles ont partagé, que, par le partage, tous les usages de Villersfarlay ont été assis sur le bois de Bourgogne, et que tous les usages d'Ecleux ont été assis sur le bois des Pères.

Le titre de 1599 ne dit pas que Villersfarlay et Ecleux ne faisaient qu'une commune, il dit, au contraire, qu'elles en faisaient deux qui voulaient partager les bois communaux de Villersfarlay, puis il accorde aux deux communes l'usage aujourd'hui litigieux ; mais il n'est nullement prouvé que, par un partage intervenu entre ces deux communes, les usages aient été répartis ainsi que le prétend l'intimée.

Que ces communes aient divisé des bois à une époque quelconque, c'est ce que l'Appelante ignore, et ce qui est indifférent au procès, parce que le partage de leurs bois ne fait rien pour le partage des usages qui leur auraient appartenu sur le bois du seigneur : il faut donc voir l'acte qui aurait réparti ces usages comme on le prétend ; on n'en produit point, et, par conséquent, cette allégation ne peut pas être crue sur un certificat d'Ecleux donné pendant le litige. De quel droit Villersfarlay prendrait-il les actions d'Ecleux ?

Le jugement de 1831 ne décide point que Villersfarlay aura les brondes représentatives du droit d'Ecleux, il admet simplement Villersfarlay à prouver sa jouissance ; il ne pouvait pas juger une question que personne ne lui proposait.

Il est tout simple que les habitans d'Ecleux n'aient pas été reprochés à l'enquête, puisqu'on soutient que leur commune n'a point de droit.

VII.

Quand on aura déterminé la portion arrivant à Villersfarlay, il faut examiner si elle en a besoin et si elle ne trouve pas chez elle tout ce qui lui est nécessaire. Arrêt L'Aubépin du 9 avril 1827, rendu par la Cour de Besançon.

La raison en est que des usages, de quelque manière qu'ils soient accordés, ne le sont jamais que pour satisfaire à des besoins, et qu'il n'y a pas de besoins, quand les forêts patrimoniales suffisent à tous. Or, pour calculer les ressources de la commune, il ne faut pas seulement compter ses coupes annuelles, mais il faut encore calculer son quart en réserve qui a un caractère bien plus communal que les taillis, puisque dans ceux-ci la commune n'a que la propriété nue, et que les revenus appartiennent aux habitans *ut singuli*, tandis que dans le quart en réserve tout appartient à la commune, propriété et jouissance. —Arrêts *Pasquier-Vallampoulières*, du 7 mai 1831 ; Burgille-Chavelet, 9 mars 1831.

De ce que Villersfarlay éprouvait des besoins en 1599, il ne s'ensuit pas qu'elle en éprouve depuis 1830 ; la préfecture de Lons-le-

Saunier constate qu'elle a 224 feux, et l'administration forestière établit que dans ses taillis seulement elle coupe annuellement 8 hect. 71 ares 89 cent., ce qui donne par feu 11 stères 51 cent.

Par l'arrêt Burgille-Chavelet, du 31 août 1832, les besoins ont été fixés à 4 cordes et 56 fagots par feu, ce qui représente 11 stères ; chaque feu de Villersfarlay a donc au-delà de sa consommation, puisqu'il a 11 st. 50 cent. et la commune a, *de plus,* son quart en réserve de 71 hect. 62 ares 74 cent. On peut donc dire dès ce moment, et sans expertise, qu'elle a plus de bois qu'il ne lui en faut ; mais cependant si la Cour trouve que la preuve n'est pas suffisante, elle peut nommer des experts pour vérifier les besoins et les ressources.

La commune de Villersfarlay prétend qu'il n'y a point de besoins à consulter quand le titre donne au-delà et le déclare. Cela est très vrai, mais c'est qu'ici le titre ne donne rien au-delà, car personne ne peut dire quels étaient, à cette époque, les besoins et les ressources de la commune, et le titre est muet sur ce point.

VIII.

Si Villersfarlay ne trouvait pas dans ses bois tout ce qui lui est nécessaire, il faudrait examiner ce qu'elle peut prendre dans le bois de Bourgogne.

Son titre lui donne des *brondes après les fasçures faites et levées. Brondes* est un terme vulgaire dont nous trouvons le sens dans Ducange ; ce sont les broutilles, *virgultum, ramusculus.* Un arrêt de la Cour du 7 juin 1832 décide que quand les *qneues* sont jointes aux *brondes,* cela comporte les bois de six pouces de circonférence et au-dessous. Il faut donc *que les queues soient réunies aux brondes* pour que l'on puisse donner six pouces ; donc, quand les brondes sont seules, elles ne peuvent renfermer du bois de six pouces de tour ; donc la proportion est beaucoup plus faible ; et quand Javel soutenaît que ce n'était que le bois au-dessous de trois pouces de tour, il était beaucoup plus près de la vérité que Villersfarlay.

La commune oppose qu'on ne peut recourir à Ducange, puisqu'il n'a pas écrit sur le droit. Il est vrai, mais il donne le sens des termes du vieux langage, et c'est précisément ce qui est à rechercher ici. Elle prétend ensuite que ce mot comprend tout ce qui n'est pas entré dans les fasçures, parce qu'on a dit *après fasçures faites et levées*; elle ne fait pas attention qu'on ne lui a pas donné *tout ce qui reste après les fasçures;* qu'au lieu de lui *tout donner*, on ne lui a donné que les brondes, et que si on avait voulu tout donner, on l'aurait dit : le terme de *fasçures* ne signifie donc rien pour ajouter à l'étendue du mot *brondes;* du reste cette locution se trouvait également dans l'espèce jugée par l'arrêt du 7 juin 1832. On avait donné les *queues* et les *brondes* lorsque les bois seraient *fasçurés ;* et malgré cette double concession, l'arrêt n'a donné que le bois de six pouces de tour, quoiqu'il y avait des queues.

La commune prétend que l'exécution a expliqué son titre ; il faut dire, au contraire, que l'exécution lui est entièrement défavorable. — En 1780, le propriétaire ne réserve point de bois de six pouces ; il n'en réserve que de trois pouces, et il ne dit pas pour qui. — En 1781, il plaide pour dire qu'il ne doit point de bois de six pouces. — En 1790 il répond par écrit qu'il ne doit point de bois de six pouces. Le procès de 1781 a duré jusqu'à 1811 qu'il a été éteint par la péremption de 30 ans. Tous ces faits démentent complétement la commune.

Elle oppose son enquête, suivant laquelle, en 1796 et années suivantes, elle aurait pris le bois de six pouces; mais ce dire de témoins mendiés ne peut l'emporter sur des pièces écrites, et d'ailleurs il ne serait le fait que de l'adjudicataire, puisque le propriétaire plaidait précisément pour soutenir qu'il ne devait point de bois de six pouces, et n'avait pas donné de mandat à l'adjudicataire ; d'ailleurs, quand les témoins auraient dit la vérité, ce ne serait là qu'un abus qu'il faudrait ramener au texte des titres, suivant l'opinion de Dunod, *Traité des prescript.*, page 49, et la jurisprudence qu'il rapporte. Son enquête ne peut lui servir, qu'à une acquisition nouvelle, puisque *son action ancienne est jugée prescrite* par la sentence de 1831,

La commune dit qu'elle peut prescrire au-delà de son titre ; sans doute, mais pour cela il faut qu'il y ait contradiction avec le propriétaire, et ici le propriétaire n'a jamais paru que pour dire qu'il ne devait pas de bois de six pouces.

IX.

Dans tous les cas, les brondes, de quelque manière qu'on les entende, ne peuvent pas former le cinquième de l'arbre.

Les experts n'ont donné aucun motif de leur opinion : ils ont bien dit qu'ils voyaient la forêt, et que, pour cela, ils appréciaient les brondes au cinquième ; c'est là donner un avis, mais ce n'est pas le motiver.

Les motifs doivent être : la grosseur de l'arbre; — sa hauteur; — le point où commencent les branches; — la grosseur des branches, pour savoir le point où commencent les brondes; — le nombre de stères que fournissent le corps de l'arbre et les branches, pour en conclure que les brondes sont dans un rapport de quotité déterminée avec les stères que l'arbre fournit.

Au moment de la coupe, la forêt avait de 33 à 34 ans ; c'est un principe certain qu'à mesure que l'arbre s'élève, les branches inférieures étant privées de soleil, se dessèchent et tombent; il y a donc d'autant moins de brondes que l'arbre est plus âgé. Les experts n'ont fait aucune attention à toutes ces circonstances; ils ont répondu comme des augures, par un oracle. Une nouvelle expertise serait donc indispensable pour connaître le rapport des brondes avec l'arbre, lorsque la Cour aura décidé le sens de cette expression, et déclaré si elle comprend le bois vert comme le bois sec, et si elle renferme les bois de six pouces de tour, ou seulement ceux de trois pouces.

Par ces divers motifs, l'Appelante conclut :

A ce qu'il plaise à la Cour, prononçant sur l'appellation émise par Mme Dornier de la sentence rendue au tribunal civil d'Arbois le 17 mars 1835,

Mettre l'appellation et la sentence dont elle provient au néant, émendant déclarer l'intimée non recevable dans ses conclusions originaires, du moins l'en débouter, et la condamner aux dépens tant de première instance que d'appel, en ordonnant la restitution de l'amende.

Subsidiairement, déclarer que les titres de 1599 et 1715 n'accordent à l'intimée qu'un droit aux brondes de bois mort étant par terre, *et qu'elle ne peut rien prétendre au bois vert : — que le droit qui avait été concédé à la commune d'Ecleux, ne profite pas à Villersfarlay ; en conséquence ordonner, que par trois experts nommés par l'arrêt, faute par les parties d'en convenir dans les trois jours de sa signification, il sera procédé à la ventilation de la part* aux brondes de bois mort gisant *après les fasçures faites et levées, arrivant à la commune d'Ecleux et à celle de Villersfarlay, pour, après le rapport déposé au greffe, n'être attribué à Villersfarlay, que sa part.*

Ordonner que, par les mêmes experts, il sera vérifié quels sont les besoins des feux de Villersfarlay ; quelles ressources elle trouve dans ses bois communaux ; si, après l'emploi de ses ressources, elle a encore besoin de tout ou de partie du lot à elle arrivant dans les brondes de bois mort gisant *après les fasçures faites et levées ; quelle est la valeur de cette partie dont elle a besoin, en prenant égard à ce que ce* bois mort *a perdu par le passage des hommes, chevaux et voitures employés à l'exploitation de la forêt.*

Déclarer que, par brondes, *les titres de 1599 et 1715 n'ont entendu que les* broutilles, *au-dessous de trois pouces de tour.*

Ordonner que par les experts, il sera procédé à la reconnaissance de la proportion dans laquelle sont, avec la forêt, les brondes de bois mort gisant, *relativement aux arbres qui la composaient, pris égard à leur âge, au moment de l'exploitation, à leur grosseur, à leur élévation, à leur nature, et à la quantité de branchages qu'ils pouvaient avoir;*

Pour, après l'expertise déposée au greffe, et la cause rapportée à l'audience, être statué ce qui sera trouvé au cas appartenir, et réserver les dépens.

Sous réserve de prendre toutes autres conclusions.

MÉREY, Conseil.

CAILLOTET, Avoué.

BESANÇON, IMPRIMERIE DE L. LAMBERT.